DISSERTATION

POUR

LE DOCTORAT,

Présentée à la Faculté de Droit de Toulouse,

CONFORMÉMENT A L'ARTICLE 1er DE L'ARRÊTÉ DU 5 DÉCEMBRE 1850,

Par M. Henri DEVINA,

Licencié en Droit,

NÉ A LODÈVE (HÉRAULT).

TOULOUSE,
IMPRIMERIE DE A. CHAUVIN ET COMPie,
RUE MIREPOIX, 3.

1852.

DES

EFFETS DU PARTAGE.

DISSERTATION

POUR

LE DOCTORAT,

Présentée à la Faculté de Droit de Toulouse,

CONFORMÉMENT A L'ARTICLE 1er DE L'ARRÊTÉ DU 5 DÉCEMBRE 1850,

Par M. Henri DEVINA,

Licencié en Droit,

NÉ A LODÈVE (HÉRAULT).

TOULOUSE,

IMPRIMERIE DE A. CHAUVIN ET COMPe,

RUE MIREPOIX, 3.

—

1852.

Meis.

DES

EFFETS DU PARTAGE.

CHAPITRE PREMIER.

Nature du partage. — Origine de la fiction de l'art. 883.

Le partage, comme la propriété dont il est une des plus énergiques manifestations et qu'il complète, pour ainsi dire, en lui donnant le caractère exclusif qui la constitue, émane du droit naturel; il apparaît à la naissance de toutes les sociétés, l'histoire sacrée elle-même en fait foi. La loi civile n'a donc pas eu à le créer, elle a dû se borner à en apprécier les caractères et la nature, à en déterminer les effets.

Cette nature, ces caractères sont difficiles à saisir; ils échappent à une observation superficielle et incomplète. Faut-il en conclure qu'ils n'offrent rien de saillant et de bien réel, et que tout en cette matière soit abandonné à l'arbitraire du législateur?

Quelques jurisconsultes l'ont pensé. A leur avis,

une théorie du partage et de ses effets, quel qu'en soit du reste le fondement, est toujours rationnelle et suffisante, pourvu qu'elle soit d'accord avec les règles de l'organisation civile, et n'en ébranle pas les bases essentielles.

Mais nous ne saurions admettre une semblable doctrine. Un contrat qui dérive du droit naturel a toujours, en effet, sa nature spéciale qu'il n'appartient pas au droit civil de modifier ou de détruire; et pour quiconque pénètre au fond des choses, le caractère distinctif du partage se dégage avec une originalité réelle et puissante. Nos adversaires se fondent sur le caractère fictif de l'indivision et sur la vieille maxime, d'après laquelle l'héritier a sur le tout, et sur chaque partie, le même droit que s'il était seul : *Hæres habet totum in toto et in qualibet parte.* Mais aucun de ces arguments ne paraît bien concluant, et ne résiste à un examen sérieux. Quoi de plus réel en effet, quoi de moins fictif que cet état de copropriété si fréquent parmi nous, dont tout le monde a éprouvé les avantages et les inconvénients, que l'on conçoit aussi facilement que la propriété exclusive, qui appartient à une pratique de tous les jours et de tous les instants? Et quant au vieux brocard qu'ils citent, il nous paraît détourné de sa véritable interprétation; il signifie, non point que chacun des communistes est propriétaire du tout et de chaque partie, mais qu'il a un droit de copropriété, de propriété restreinte dans la totalité comme dans chacune des portions de la chose. Autrement, il n'y aurait plus indivision.

Analysé sérieusement, sans parti pris, le partage se présente avec un caractère éminemment translatif. C'est un acte qui emporte aliénation, qui produit un double effet, un effet à la fois dévestitif et dévolutif; chacun des copartageants tient ses droits de ses copropriétaires pour la portion des objets compris en son lot qui excède sa part virile; mais l'attribution contenue dans le contrat n'a d'effet que pour l'avenir, et cet acte, ne pouvant porter atteinte aux droits collectifs et préexistants des copropriétaires, les laisse subsister dans le passé avec toute leur énergie, tels qu'ils ont fait, dès l'origine, impression sur la chose indivise.

Réduite à ces termes, la théorie du partage est de la plus grande simplicité. C'est un contrat d'une nature spéciale et qui, se rapprochant sous beaucoup de rapports, de la vente ou de l'échange, est comme eux essentiellement commutatif, mais s'en distingue par cette circonstance qu'il ne transmet jamais qu'une partie de la chose qui en fait l'objet.

Ces notions que nous fournit la raison, le droit romain les a constamment appliquées. C'était un principe incontestable dans cette législation que le partage est attributif et non point déclaratif des droits des copropriétaires, que chacun d'entre eux, par l'effet de cet acte, aliène une partie de la chose commune. Il n'est formulé, il est vrai, d'une manière explicite dans aucun des textes de la compilation de Justinien; mais plusieurs le supposent et n'en sont que les conséquences logiques; pour en citer un exemple, nous mentionnerons la loi 18 ff. *de castrensi peculio*, qui défend le partage au copropriétaire lorsqu'il n'a pas la capacité d'aliéner.

D'ailleurs, il importe de le reconnaître, cette législation ne pouvait accepter une autre doctrine. Tout s'y opposait : la nature des choses, la déduction logique des idées fournies par l'observation des caractères de ce contrat, et surtout ce formalisme rigoureux qui est le caractère le plus saillant des institutions primitives de la société romaine. — La loi des XII tables avait consacré au partage plusieurs de ses dispositions ; elle avait réglé les formes des actions au moyen desquelles il devait s'opérer, des actions *familiæ erciscundæ et communi dividundo* qui seules, dès l'origine, furent employées pour la division des choses communes entre plusieurs propriétaires. Or, le caractère distinctif de ces actions, c'est qu'elles aboutissaient toutes à l'adjudication, sentence du juge qui attribuait à chacun des communistes la propriété des objets tombés dans son lot, mode d'acquérir antique qui conserva toujours, même à l'époque d'Ulpien et jusqu'à la suppression du système formulaire, son caractère translatif. Un fragment de ce jurisconsulte nous l'atteste : *Adjudicatione nanciscimur dominia rerum* (XIX, 16, *Régul.*)

Les mœurs introduisirent peu à peu un autre mode de partage ; les copropriétaires, après avoir le plus souvent confié les opérations préparatoires à un *arbiter*, formaient à l'amiable, par simple pacte, la division de la chose commune et l'attribution de chacune de ses portions ; puis, comme cette convention, dénuée de tout effet juridique, était non-avenue aux yeux du droit civil tant qu'elle n'avait pas reçu son accomplissement, ils l'exécutaient, soit par la mancipation, la cession *in jure* ou la tradition dans le principe, soit par la tradition seule, quand ces modes solennels furent tombés en désuétude. Mais dans cette hypothèse également, la translation de la propriété était la suite nécessaire du partage.

Cette distinction des deux formes employées dans le droit romain pour opérer le partage n'a pas été faite par tous les auteurs qui ont écrit sur la matière. Elle peut servir cependant à concilier d'une manière satisfaisante les diverses dispositions des Pandectes ou du Code qui assimilent ce contrat, tantôt à l'échange, tantôt à la vente, et dont la contradiction n'est qu'apparente. Elle explique notamment pourquoi, tandis que le § 28 *Inst. de action.* donne au partage le caractère d'une action de bonne foi, caractère qui ne peut appartenir qu'à l'*actio familiæ erciscundæ*, et le rapproche ainsi de l'action dérivant de la vente, les lois 13 ff. *de pactis* et 1 ff. *de rerum permutatione* font remarquer que c'est un acte innommé qui n'engendre aucune action, comme l'échange, et à la différence de la vente.

Cependant, le caractère translatif que le droit romain reconnaît au partage ne lui avait pas été attribué sans contestation. On trouve dans le droit de Justinien des traces d'une opinion tout opposée, qui ne semble pas avoir eu beaucoup de partisans. La loi 31 ff. *de usufructu legato* (23, II) nous atteste, en effet, que le jurisconsulte Trebatius, moins préoccupé des conséquences normales du droit de copropriété et de l'influence des formes adoptées pour le partage, que de l'intérêt des divers copropriétaires, avait décidé que cet acte pouvait dans certains cas rétroagir au jour où l'indivision avait pris naissance. Mais, vivement combattue par Labéon, cette idée nouvelle ne trouva pas de défenseurs; elle est restée comme une protestation isolée parmi les travaux que les jurisconsultes ont laissés sur cette importante matière.

Les principes du droit romain sont passés, avec l'autorité d'une loi, dans la jurisprudence des pays de droit écrit, où ils ont prévalu jusqu'à nos jours.

Une doctrine opposée, née dans les pays coutumiers de l'esprit des institutions féodales, et forte de l'appui persévérant de la pratique qui l'avait créée, a cependant, d'empiétement en empiétement sur la théorie romaine, fini par en effacer jusqu'aux dernières applications. Elle a trouvé place dans l'art. 883 du Code civil, qui la consacre en ces termes : « Chaque cohéritier est censé avoir succédé seul et immédiatement à tous les effets compris dans son lot, ou à lui échus sur licitation, et n'avoir jamais eu la propriété des autres effets de la succession. » C'est celle qui attribue au partage un caractère purement déclaratif. Il n'est pas inutile de le faire remarquer, le législateur lui-même reconnaît que son système est contraire à la réalité : « Chaque cohéritier est censé avoir succédé; » donc, il n'a pas succédé réellement. La loi a ici procédé par fiction, et la fiction est des plus hardies; elle anéantit rétroactivement l'état d'indivision qui a précédé le partage, elle ne lui reconnaît pas d'existence dans le passé; à ses yeux, le copartageant, au lieu d'être acquéreur ou ayant-cause à titre particulier de ses copropriétaires, ne tient rien d'eux : il tient tout de l'auteur commun, de celui qui possédait la chose avant le commencement de l'indivision, et il est présumé lui avoir succédé toujours d'une manière immédiate et exclusive.

Une telle interversion de principes n'a pu s'opérer sans une cause puissante. Nous allons essayer de la déterminer.

Remontons à l'origine de nos coutumes, à la formation de la société féodale. Sous les faibles successeurs de Charlemagne, à la faveur de ces luttes sanglantes qui signalèrent le déclin et la chute de la dynastie carlovingienne, les concessions de fiefs se multiplièrent et la féodalité couvrit la France comme d'un vaste réseau. A cette époque, les derniers vestiges des institutions romaines telles qu'elles avaient survécu à la conquête, les lois elles-mêmes n'étant plus respectées, faute d'un pouvoir assez fort pour les défendre, disparurent dans un chaos universel. Une société nouvelle, dont l'association formait la base, commença à se développer; il lui fallait une législation appropriée à ses besoins; elle la trouva dans ces conventions nombreuses, constitutives des fiefs, émanation libre du bon plaisir du seigneur et de la volonté du vassal. Ainsi, aux principes généraux que les jurisconsultes romains avaient destinés à régir l'univers, succédèrent des règles toutes spéciales, restreintes dans leur application à de minces territoires. Le trait le plus saillant de ces conventions, celui qu'on retrouve dans toutes sans exception, et qui d'ailleurs est inhérent à la nature même de l'association, c'est que les concessions de fiefs étaient purement personnelles à celui qui en était gratifié, et que le vassal, ne pouvant céder ni ses droits ni ses obligations, n'avait la faculté de transmettre le domaine qui lui était inféodé qu'avec le consentement du seigneur. Quand, plus tard, les fiefs furent devenus héréditaires et transmissibles aux descendants du vassal, la même prohibition continua à subsister dans toute son étendue pour les aliénations entre-vifs, et les transmissions par testament ou en ligne collatérale. Elle devint une règle essentielle du système féodal, et se maintint jusqu'à son abolition.

Le partage constitue de sa nature une véritable aliénation; d'un autre côté, en amoindrissant le fief et en diminuant la puissance du vassal, il portait un grand préjudice au suzerain, car il était bien différent pour lui d'être servi par un seul feudataire ou par une multitude de petits vassaux sans influence. Il y avait donc une double raison d'ôter aux vassaux la faculté de partager le fief. C'est ce que firent les seigneurs. Leur prohibition fut respectée pour les fiefs de dignité, mais non pour les fiefs ordinaires. Ils ne purent lutter sur ce point contre l'esprit envahisseur des vassaux subalternes, et durent, après bien des efforts inutiles, se résigner à reconnaître, sinon comme un droit, du moins comme un fait patent et de tous les jours, le partage du fief entre les héritiers du vassal.

Lorsque, dans la suite des temps, le caractère du régime féodal tendant à s'altérer, puis à disparaître, et l'obligation du service militaire trouvant plus rarement son application, les seigneurs commencèrent à permettre l'aliénation du fief, moyennant une somme qui variait avec son importance, et enfin donnèrent par avance, et d'une manière générale, leur consentement à tous les démembrements que pourrait opérer le vassal, en se réservant, à chaque mutation, une portion soit du prix soit du revenu de l'immeuble, c'était un fait reconnu et incontestable, qu'il était licite aux descendants du vassal de partager sans le consentement du suzerain. On dut en conclure que ce partage ne donnait pas ouverture aux droits seigneuriaux. Mais cette règle fut restreinte au partage de la chose dévolue aux héritiers en ligne directe. Elle ne s'appliqua pas dès l'origine aux partages des successions collatérales, qui durent acquitter les droits; plusieurs coutumes, notamment celle de Berry (tit. 6, liv. 10), offrent des traces de cette distinction.

Les idées romaines n'avaient exercé, nous l'avons vu, aucune influence sur ces décisions du droit féodal; mais avec la renaissance des lettres, le goût de l'étude du droit romain se répandit, et ses principes ne tardèrent pas à être invoqués pour l'interprétation des règles coutumières. On voulut naturellement expliquer à leur aide l'affranchissement du partage. Comme aux yeux de tous les auteurs il contenait une véritable aliénation, la plupart attribuèrent l'exemption des droits à la nécessité de cette aliénation. Mais cette explication, répétée pendant plusieurs siècles, ne prévalut jamais auprès des jurisconsultes praticiens, qui connaissaient mieux que d'autres le sens et la portée de la règle que leurs pères avaient fondée, et contraire d'ailleurs aux résultats consacrés par les coutumes, elle finit par être rejetée comme incompatible avec les exigences du régime féodal.

Toutefois, si l'explication empruntée au droit romain ne put être admise, l'influence de ce droit n'en fut pas moins décisive dans la formation du système qui nous régit aujourd'hui sur les effets du partage; c'est à elle que l'on doit l'assimilation complète qui s'établit vers le seizième siècle entre les partages de succession et les partages de société, entre les partages purs et simples et les licitations.

Pourquoi les restrictions de la règle féodale furent-elles rejetées? La raison en est facile à découvrir; elle est toute entière dans cet esprit de résistance à la fiscalité des seigneurs, qui distingue les légistes de l'époque féodale, dans ce mouvement naturel de réaction contre une puissance injuste, qui les poussait à prendre la défense du pauvre et de l'opprimé, et surtout dans cette jalousie instinctive qui les portait à donner gain de cause à l'adversaire de celui qu'ils étaient obligés de respecter hors du palais. C'est à cette cause qu'il faut attribuer le développement remarquable de la doctrine de l'affranchissement du partage.

Lorsque cette doctrine prévalut, le droit civil était

encore à créer; il se formait sous l'influence simultanée de la législation des profits seigneuriaux et de la législation romaine; les mêmes principes dirigeaient la religion du juge, qu'il s'agît d'une question de lods et ventes ou d'une matière ordinaire, et le droit fiscal était en tous points d'accord avec les décisions du droit commun. — Les jurisconsultes praticiens, remarquant que toute aliénation était sujette aux droits, et que le partage en était exempt, en conclurent que le partage ne contenait pas une véritable aliénation; mais ce ne fut pas sans difficulté qu'ils essayèrent de justifier cette règle par des considérations purement juridiques et abstraction faite des nécessités sociales qui lui avaient donné naissance.

Les uns firent remarquer que le cohéritier étant propriétaire de la totalité du patrimoine du défunt, n'acquérait pas les biens échus à son lot, parce qu'on n'acquiert point sa propre chose, mais conservait le droit qu'il avait auparavant, de la même manière que si ses cohéritiers avaient renoncé à la succession, par droit de non-décroissement. Ce système avait l'avantage d'expliquer rationnellement l'affranchissement du partage; mais il supposait l'existence d'une fiction antérieure (c'était en effet une véritable fiction que cette prétendue renonciation émanée d'héritiers qui ont déjà accepté, et qui par conséquent ne peuvent plus abandonner leurs droits sans consentir une aliénation); et il ne faisait pas connaître les motifs sur lesquels il était possible de l'établir. L'hypothèse qui lui servait de base une fois admise, il donnait satisfaction à toutes les objections; mais il ne justifiait pas, au préalable, du fondement et de la réalité de l'hypothèse.

Les autres soutinrent que la copropriété était transmise aux héritiers sous la condition résolutoire du partage; que cet acte avait pour effet d'asseoir, d'une manière fixe et irrévocable, leurs droits auparavant vagues et indéterminés; que, par suite, il n'opérait aucune aliénation, mais se bornait à déclarer les droits préexistants de chacun des cohéritiers. Cette théorie, exposée par Pothier et les autres jurisconsultes du dix-huitième siècle, repose, comme la première, sur une hypothèse impossible à justifier; mais la prévention avait tellement égaré les esprits, que personne n'éleva le moindre doute, et qu'elle fut admise sans contestation.

Quand le Code civil fut rédigé, les souvenirs du droit romain, sur ce point, étaient considérés comme une lettre morte; et le principe nouveau se trouvait si bien établi, qu'on ne songea pas seulement à en discuter la valeur ou le fondement. Cependant les nécessités qui l'avaient fait naître avaient depuis longtemps disparu dans le naufrage révolutionnaire, avec les derniers vestiges des institutions féodales; mais il pouvait se justifier par des considérations empruntées à l'intérêt des familles, et par le désir d'assurer la tranquillité des copartageants, en prévenant les recours d'héritier à héritier que facilitait la théorie romaine. C'est ce que le rapporteur du titre des successions au tribunat eut le soin de faire remarquer, et, il faut le reconnaître, cette observation présente, dans une certaine mesure, un caractère incontestable d'utilité pratique.

Quoi qu'il en soit, le caractère déclaratif du partage est aujourd'hui inscrit dans nos lois ; nous en avons brièvement retracé l'origine : il nous reste à rechercher l'étendue et les conséquences de la fiction qui lui sert de base et que consacre l'art. 883.

CHAPITRE II.

Étendue de la fiction de l'art. 883.

SECTION PREMIÈRE.

On ne distingue plus aujourd'hui, pour l'application de cette fiction, les diverses causes qui peuvent donner naissance à l'indivision. La loi embrasse sous une même règle les indivisions volontaires et les indivisions forcées, celles qui dérivent des successions légitimes ou testamentaires, ou des donations, et celles qui sont formées par les conventions génératrices des sociétés ordinaires ou des communautés conjugales.

L'art. 1476 dispose à ce sujet : « Le partage de la communauté, pour tout ce qui concerne sa forme, les effets du partage,..... est soumis à toutes les règles qui sont établies au titre des successions pour les partages entre cohéritiers. » Et l'art. 1872 : « Les règles concernant le partage des successions, les formes de ce partage et les obligations qui en résultent entre les cohéritiers, s'appliquent au partage entre associés. » Ces articles reproduisent les règles de l'ancienne jurisprudence, qui toutefois n'avaient pas été admises sans controverse; car les seigneurs avaient argumenté habilement du système des docteurs, qui expliquaient l'affranchissement du partage par la nécessité de l'aliénation qu'il contient, pour assujettir aux droits les partages entre associés ou époux communs; mais l'influence de cet esprit anti-fiscal, dont nous avons constaté plus haut l'existence et dont les traces ne se sont pas tout-à-fait perdues de nos jours, plus encore, celle du bon sens, qui souffrait de voir appliquer à deux choses identiques des règles complètement opposées, et surtout l'autorité de Dumoulin ainsi que des lois romaines, avaient fait pencher la balance en faveur de l'assimilation de ces actes au partage des successions.

Le Code est resté muet sur les effets du partage de la chose possédée en commun par des codonataires ou des colégataires; mais en l'absence de toute autre disposition qui pourrait le régir, il ne paraît pas possible de le soustraire à l'application de l'article 883; il a en effet la plus grande analogie avec le partage qui s'opère entre cohéritiers. C'est un point sur lequel tous les monuments de l'ancienne jurisprudence sont unanimes; et l'on ne saurait adopter une autre doctrine, sans froisser ouvertement les traditions du passé.

Il n'a pas prévu non plus, d'une manière explicite,

le cas du partage d'une chose acquise en commun par deux ou plusieurs copropriétaires. Ici la lacune n'est qu'apparente; car cette acquisition rentrant dans les termes de l'art. 1841, et constituant une véritable société particulière, les auteurs et la jurisprudence n'ont pas tardé à reconnaître que ce partage est, comme celui de toutes les autres sociétés, régi par la disposition de l'art. 1476.

C'était une question très-controversée, dans l'ancien droit, que celle de savoir si on devait reconnaître le caractère déclaratif aux actes qui font cesser l'indivision entre des copropriétaires dont le titre n'est pas commun, c'est-à-dire, non pas entre les deux acquéreurs primitifs, mais entre l'un d'eux et le cessionnaire de l'autre. La raison de douter venait principalement de ce que l'affirmative, si elle eût été admise, aurait eu pour effet de léser outre mesure les droits des seigneurs et de rendre la fraude singulièrement facile; car, au lieu d'acheter la totalité d'un immeuble aux deux copropriétaires, l'étranger, qui aurait eu l'intention de l'acquérir, n'aurait pas manqué, pour éviter les droits de lods et ventes, d'acheter d'abord la portion de l'un d'entre eux, et ensuite celle de l'autre par deux actes séparés. Afin de remédier à cette fraude, on décidait, dans le dernier état du droit, que le caractère de partage appartenait uniquement aux actes qui attribuaient l'immeuble aux copropriétaires primitifs ou à leurs héritiers, et que l'acte, par lequel le cessionnaire d'une portion de la chose indivise en acquérait la totalité, devait être assimilé à une vente.

Les mêmes règles doivent être suivies aujourd'hui; c'est un point qui paraît résulter des principes généraux sur la transmission de la propriété et l'effet des contrats. Il est à remarquer, en effet, que la loi exigeant pour la translation de la propriété que la chose vendue soit déterminée d'une manière matérielle, jamais la vente d'une portion indivise n'aura pour effet d'en transmettre la propriété à l'acquéreur, et, par suite, de créer l'indivision entre lui et son vendeur, ou le copropriétaire de son vendeur. Or, là où il n'y a pas d'indivision, il ne peut exister de partage. Si plus tard le copropriétaire abandonne sa part à l'acquéreur, l'indétermination de la chose vendue cessant d'avoir lieu, l'effet de la première cession n'est plus suspendu, et la propriété de la chose qui en faisait l'objet est transmise au nouveau possesseur; mais l'acte qui constate cet abandon est éminemment translatif : il ne déclare pas une propriété préexistante, c'est lui seul qui la transmet. Dans le cas, au contraire, où le cessionnaire, au lieu de conserver la totalité de la chose, abandonne son droit sur la portion indivise au copropriétaire primitif, ce dernier recueille l'objet tout entier, non pas à titre de vente, mais à titre de partage; en effet, la cession consentie antérieurement ne peut changer les droits du copropriétaire primitif, ni mettre obstacle à leur exercice.

La fiction de l'art. 883 reçoit donc son application, quelle que soit la cause de l'indivision; mais il faut que cette indivision existe réellement, et qu'elle ne soit pas contraire à la nature des choses; il importe de rechercher quels sont les objets qui n'en sont pas susceptibles, parce qu'aucun acte relatif à ces objets ne pourra, quelles que soient les stipulations qu'il renferme, produire les effets d'un partage.

SECTION DEUXIÈME.

Nous distinguerons sous ce rapport les droits réels des droits personnels.

I. Les premiers sont en général susceptibles d'indivision; et l'acte qui fait cesser cette indivision présente par suite le caractère déclaratif que notre législation reconnaît au partage.

Nous ne parlerons ici que pour mémoire de la propriété qui constitue un véritable droit réel, le plus important de tous, bien que, par un artifice de langage emprunté aux jurisconsultes romains, on ne la considère jamais séparée de la chose qui en est l'objet, et avec laquelle elle paraît se confondre. C'est à son occasion que l'indivision a dû naître pour la première fois.

Mais l'usufruit, l'usage, l'habitation, l'emphythéose, l'antichrèse, les servitudes réelles, méritent d'appeler notre attention.

Il est à remarquer, d'abord, que l'usage et l'habitation, droits réels indivisibles, ne peuvent faire l'objet d'un partage, et que l'art. 883 ne saurait leur être applicable. Ils consistent en effet, aux termes des art. 630 et 633, dans la faculté accordée à un autre que le propriétaire d'une chose de s'en servir et d'en percevoir les fruits, dans la mesure de ses besoins et de ceux de sa famille. Quand deux personnes ont l'usage d'un même fonds, elles n'ont pas sur ce fonds un droit indivis, mais deux droits distincts, parallèles, dont la mesure est diverse, dont la durée est complètement différente. Il n'y a pas réellement indivision, car il ne peut y avoir indivision qu'entre deux droits de même nature. Il n'est pas nécessaire de déterminer quelle est la portion de la chose qui doit supporter l'usage de chacun, car deux usages peuvent coexister sur la même chose sans se confondre. Cette hypothèse de deux personnes ayant sur un fonds le même droit d'usage peut, du reste, se présenter fréquemment, soit qu'une donation ait été faite à plusieurs, soit que le droit d'usage collectif résulte d'un legs ou d'une acquisition faite en commun, ou bien enfin, qu'établi par une convention qui le déclare transmissible, il s'ouvre après la mort du premier usager dans la personne de plusieurs héritiers.

Les servitudes réelles sont aussi indivisibles, mais d'une autre manière que l'usage et l'habitation. D'ailleurs, n'étant jamais considérées que comme l'accessoire du fonds auquel elles sont activement attachées, elles peuvent figurer dans le partage comme ce fonds lui-même, et le suivent dans toutes les mains où il passe, au même titre que lui.

A la différence des droits dont nous venons d'étudier la nature, l'usufruit est à la fois susceptible d'indivision et de partage. Il se distingue de l'usage et de l'habitation, en ce qu'il confère la faculté de percevoir tous les produits de la chose sans exception, et qu'il n'a d'autres limites que l'obligation d'en conserver la substance. Deux usufruitiers d'un même fonds ont un droit égal et d'une nature identique ; seulement chacun d'eux ignore sur quelle portion de la chose il pourra exclusivement le faire porter, et le partage est nécessaire pour déterminer la part qui doit être en définitive affectée à chacun. Ce partage aura nécessairement un effet rétroactif; car il n'y a pas lieu de créer pour l'usufruit une règle à part. En tout semblable à la propriété dont il ne se distingue que par la durée et surtout par certaines restrictions apportées à l'exercice de l'*abusus*, il rentre naturellement sous l'application des mêmes principes.

L'antichrèse, droit réel qui consiste dans la faculté accordée à un créancier par son débiteur de jouir d'un immeuble à la charge d'imputer les fruits sur les intérêts et subsidiairement sur le capital, n'est pas indivisible, car rien ne s'oppose à ce que plusieurs créanciers perçoivent les fruits chacun d'une portion déterminée du fonds, mais peut se trouver dans l'indivision, comme l'usufruit avec lequel elle a des rapports éloignés, et être comprise dans le partage. Le copropriétaire auquel elle aura été attribuée par cet acte sera censé l'avoir acquise *ab initio* et sans intermédiaire.

La même observation peut être faite pour l'emphytéose, contrat de bail d'une nature spéciale, qui confère au preneur un droit réel très-étendu, et lui donne même le pouvoir d'altérer la substance de la chose pouvoir qui manque à l'usufruitier. C'est au sujet de l'emphythéose qu'on a donné dans l'ancienne jurisprudence la première explication de l'affranchissement des partages. Le droit qui en résulte, quand il appartient en commun à plusieurs, ne se divise pas entre eux par la force de la loi, mais par une convention spéciale, qui a nécessairement un caractère purement déclaratif.

II. Quant aux droits personnels, d'autres règles doivent être adoptées. Ici l'art. 883 ne domine pas seul : un principe tout opposé, celui que consacre l'art. 1220, doit prévaloir.

C'est une règle souvent reproduite, en droit romain, que les actions personnelles, les *nomina*, se divisent de plein droit entre les héritiers, par la seule force des choses et la seule autorité de la loi, et qu'elles ne sont pas comprises dans l'action en partage. *In hoc judicium nomina non veniunt*, dit Ulpien dans la loi 2, § 5, ff. *familiæ erciscundæ*. Cette différence, très-remarquable entre la propriété et l'obligation, trouve sa raison d'exister dans la nature du droit réel et du droit personnel. Le droit réel a pour objet immédiat une chose, le droit personnel s'adresse à un individu. De là il résulte que l'on ne peut concevoir la division du droit réel que par la division de la chose qui en fait l'objet, par une assignation de parts qui fixe irrévocablement les droits de chacun des copropriétaires. Rien n'est si divisible au contraire que l'action personnelle et l'obligation qui y correspond. Quoi de plus simple que de demander à un individu la moitié ou le quart de ce qu'on lui aurait demandé par l'action entière, de ce qu'en aurait pu obtenir le créancier primitif?

Cette théorie, qui remontait à la loi des XII tables (L. 6, C. *familiæ erciscundæ*), a passé dans l'ancienne jurisprudence. Acceptée successivement par tous les auteurs qui ont écrit sur la matière, et en dernier lieu par Pothier, elle a été enfin consacrée par le Code civil dans l'art. 1220, qui dispose en ces termes : « Les héritiers ne peuvent demander la dette que pour les parts dont ils sont saisis comme représentant le créancier. » La généralité des termes de cet article aurait dû, il semble, ôter tout prétexte à la controverse au sujet de l'application du partage aux créances héréditaires. Toutefois, il n'en a pas été ainsi; quelques auteurs ont prétendu que l'art. 1220 disposait seulement pour le temps qui s'écoule entre le jour où l'indivision a pris naissance et celui du partage, mais que la règle qu'il consacre devait fléchir devant le principe général de l'art. 883. D'après eux, le Code civil aurait innové tant sur le droit romain que sur l'ancienne jurisprudence; et ils croient trouver la preuve de cette innovation dans le texte de l'art. 832, qui exige que les lots de chaque cohéritier soient composés autant que possible d'une égale quantité de meubles, d'immeubles, de droits ou de créances de même nature ou valeur. Puisque les créances doivent être comprises dans le partage, font-ils observer, elles ne se divisent pas de plein droit : la division légale, réglée par l'art. 1220, n'est que provisoire; elle n'a d'effet que jusqu'au moment où elle est neutralisée par le partage.

Cette opinion paraît contraire à la fois à la nature des choses et à l'esprit de la loi. Nous avons montré, dans les notions historiques qui ouvrent ce travail, que la théorie du partage avait été empruntée tout entière à la législation féodale. Cette considération doit servir à éclairer d'un jour nouveau la question qui nous occupe; car les jurisconsultes des droits seigneuriaux ne s'occupant que des choses qui pouvaient donner lieu à un contrat d'inféodation, n'étudièrent ni la nature ni les caractères des autres objets, tels que les créances; ils ne songèrent pas à leur étendre la fiction de l'effet du partage qu'ils venaient de créer, et les laissèrent sous l'empire des règles romaines. On ne peut expliquer autrement l'adoption de l'art. 1220. A cet article, qui consacre la division légale, instantanée, des droits personnels, qu'oppose-t-on en réalité? Quelques dispositions de détail éparses dans le Code, et qui sont loin d'avoir le sens qu'on leur attribue. On ne comprend guère l'influence que peut exercer l'art. 832 sur la solution de notre question. De ce qu'il constate le vœu du législateur de voir autant que possible les lots composés de meubles et d'immeubles et de créances de même nature et valeur, s'ensuit-il nécessairement que les créances échues au lot d'un cohéritier lui adviennent avec la fiction de la rétroactivité, comme les autres effets héréditaires, et soient censées avoir appartenu à l'héritier depuis le jour de l'ouverture de la succession? Il faudrait, pour admettre cette conséquence, qu'elle fût clairement énoncée, et un mot jeté au hasard ne nous paraîtrait pas suffisant pour opérer une pareille perturbation dans les principes consacrés jusqu'à nos jours, alors même qu'on ne pourrait l'expliquer autrement que ne l'ont fait M. Zachariæ et la Cour de cassation elle-même. Mais, remarquons-le bien, le législateur n'a fait que renouveler dans l'art. 832 une règle d'équité et de bon sens empruntée à la jurisprudence romaine, où certes on ne contestera pas que le partage était sans influence relativement aux créances. Plusieurs textes prouvent que le juge avait, en certains cas, le pouvoir d'égaliser les lots en créances héréditaires, et que ce mode de partage était préféré à celui qui obligeait les cohéritiers à se faire raison à l'aide de valeurs qu'ils n'auraient pas recueillies dans la succession. L'art. 832 n'a pas voulu dire autre chose. Il a donné aux parties le conseil de substituer à une soulte en argent une soulte composée de créances; mais il n'a pas entendu régler les effets de cet abandon de créances, ni le soustraire au droit commun, à l'application des art. 1220 et 1690.

Nous ne saurions admettre le système intermédiaire que la Cour suprême a cru devoir adopter, et qui consiste à appliquer au partage des créances les dispositions de l'art. 883, à révoquer les droits restés imparfaits au moment où cet acte est consommé, tout en maintenant les droits acquis avant le partage. Par ce moyen sans doute, on évite d'assez grands inconvénients, et on respecte, en partie du moins, le texte de l'art. **1220**, mais on crée arbitrairement et sans nécessité une distinction qui n'est jamais entrée dans l'esprit du législateur.

Ainsi, en résumé, chaque cohéritier est saisi de sa part dans les créances dont se compose la succession, et le droit qu'il tient de la loi n'est pas subordonné à la condition résolutoire du partage. Il en résulte : 1° que l'acte qui, sous la forme d'un partage, vient modifier la division résultant de la loi, n'a d'autres effets que ceux d'une cession, et nécessite pour sa perfection l'emploi des formalités exigées par l'art. **1690** ; 2° que les débiteurs peuvent valablement se libérer entre les mains des héritiers pour leur part et portion ; 3° que ceux-ci peuvent céder leur part dans la créance ; 4° que la compensation peut valablement être invoquée pour cette portion, par les débiteurs héréditaires qui se trouvent créanciers de l'héritier ; et 5° enfin, que la part virile, dont ce dernier est saisi étant tombée dans son patrimoine et devenue le gage commun de ses créanciers, peut faire l'objet d'une saisie-arrêt, qui ne serait pas nulle si, avant le jugement de validité, le partage attribuait la totalité de la créance à un autre cohéritier.

Nous avons raisonné jusqu'ici dans l'hypothèse de créances dépendant d'une succession échue à plusieurs héritiers, parce que c'est le cas qui se présente le plus fréquemment ; mais il est évident que les mêmes principes sont applicables à la créance provenant d'un legs ou d'une donation faite conjointement à deux personnes, d'une cession consentie à plusieurs individus sans assignation de parts, ou enfin de la masse indivise d'une société civile ou conjugale après sa dissolution.

SECTION TROISIÈME.

Ces principes posés, nous devons déterminer quels sont les actes auxquels l'art. 883 peut être appliqué. En principe, il régit tous les actes à titre onéreux qui font cesser l'indivision d'une manière absolue. Peu importe d'ailleurs qu'elle subsiste entre les mêmes personnes à raison d'autres objets; il y a partage dès que l'indivision cesse, même relativement à une seule des choses communes, dès que cette chose tombe dans le domaine d'un seul, dès qu'un intérêt exclusif a pris, quant à elle, la place d'un intérêt commun. On donne ordinairement au mot partage un sens trop large, on lui attribue une acception qu'il n'a pas et ne peut avoir; on l'emploie comme synonyme de règlement définitif des droits de chacun des copropriétaires. Ce règlement constitue une liquidation, mais non pas le partage tel que la loi le considère; les termes de l'art. 2109 suffisent seuls pour le démontrer.

Ainsi, tout ce qui va suivre concerne les actes qui font cesser l'indivision pour une portion seulement de la masse commune, comme ceux qui la font cesser pour la totalité de cette masse.

Le partage peut se réduire à trois formes principales : 1° le partage en nature, celui qui a dû être employé dans le principe, et qui attribue aux copropriétaires, dans chacun des objets indivis, une part égale à leurs droits; il s'opère *sectione corporum;* 2° le partage avec soulte, que les nécessités sociales et les convenances de famille ont dû introduire plus tard, et dont il existe deux espèces bien distinctes : celui dans lequel la soulte est payée en valeurs communes, c'est-à-dire au moyen de l'abandon réciproque que se font les copropriétaires de leurs droits sur des objets que chacun d'eux conserve en totalité, sans les diviser, et celui dans lequel le communiste est loti, partie en valeurs communes, partie en valeurs étrangères à la masse indivise; 3° enfin, la licitation, par laquelle un objet reconnu impartageable est abandonné à un des copropriétaires qui livre en compensation aux autres, pour leur tenir lieu de leurs droits, des deniers qui lui appartiennent en propre.

Ces trois formes de partage existaient dans le droit romain. L'ancien droit devait naturellement les reproduire; elles se manifestèrent dès l'origine au sein de la société féodale, furent comprises dans une même prohibition, puis dans une même tolérance de la part des seigneurs, et échappèrent toutes à l'application des droits seigneuriaux. Le partage avec soulte et la licitation durent, quand l'affranchissement du partage fut reconnu par les suzerains, être favorisés par eux, parce qu'ils remédiaient au danger de la division excessive du fief, et ne compromettaient pas la puissance militaire qui en était le principal attribut; mais quand le caractère le plus saillant de la société féodale, l'esprit militaire, eut disparu, et que les profits pécuniaires furent considérés comme les principaux avantages que le contrat de fief procurait aux seigneurs, ceux-ci cherchèrent à faire prévaloir une opinion nouvelle, qui attribuait à la licitation, comme au partage avec soulte, un caractère translatif. Pendant quelque temps, ce fut le système dominant; il fut même poussé dans ses limites les plus extrêmes, puisque la jurisprudence en vint à décider que le cohéritier adjudicataire sur licitation devait le droit, même sur sa part. Toutefois, avec l'influence toujours croissante du droit romain et celle de plus en plus forte des légistes acharnés à combattre la fiscalité féodale, la règle ne tarda pas à changer ; les jurisconsultes qui immortalisèrent cette époque et préparèrent l'œuvre des rédacteurs de notre Code civil, Dumoulin et d'Argentré, imbus des principes des Pandectes, et partant de cette considération que le partage avec soulte et la licitation ne peuvent avoir le caractère d'une vente, parce que, dans la vente, l'intention de l'acquéreur est de spéculer, tandis que, dans le partage, celle de l'héritier chargé de la soulte est uniquement de faire cesser l'indivision, ne tardèrent pas à faire remarquer que le partage *sectione corporum* et la licitation devaient être assimilés ; que ces deux actes, ayant une fin identique, devaient produire les mêmes effets; et leur argumentation, basée sur la disposition formelle de la loi 55 ff. *familiæ erciscundæ*, finit par être admise et par prévaloir au palais.

Les coutumes s'empressèrent d'adopter les mêmes principes. Dans le plus grand nombre, notamment dans celles de Paris (art. 80), d'Orléans (art. 14 et 15), de Melun (art. 125), le partage avec soulte fut considéré comme purement déclaratif. Il en fut de même de la licitation; mais, par une servile imitation de la loi romaine, on apporta à l'affranchissement du droit sur cet acte des obstacles nombreux. La rédaction embarrassée de la coutume de Paris, dont l'art. 80 était ainsi conçu : « Si l'héritage ne se peut partir entre cohéritiers et se licite en justice sans fraude, ne sont dues aucunes ventes si l'adjudication est faite à l'un d'entre eux, » réveilla les espérances des seigneurs et donna naissance à d'interminables contestations. Dans le dernier état du droit, on en était venu à exiger pour l'affranchissement de la licitation : 1° que le partage en nature fût impossible ou incommode; 2° que des experts eussent estimé l'immeuble; 3° enfin, que la licitation ait eu lieu en justice. La réunion de ces trois conditions, empruntées maladroitement aux textes du droit romain, devait avoir lieu, sinon la licitation, présumée faite en fraude des droits du seigneur, était assimilée à une vente et assujettie aux lods.

Sous l'empire du Code, les principes adoptés par l'ancienne jurisprudence ont été consacrés d'une manière définitive, mais dégagés de tous les éléments étrangers que l'étude du droit romain avait introduits dans leur application. Le partage et la licitation ont été placés sur la même ligne dans l'art. 883 dont la disposition, complétée d'ailleurs par celle de l'art. 2109, est évidemment applicable au partage avec soulte. La définition que l'art. 1686 donne de la licitation prouve que le législateur a abandonné à son égard tous les vieux errements de l'ancien droit. Non-seulement il n'est plus nécessaire que la chose à liciter soit impartageable, ou que le partage en nature présente une impossibilité morale résultant de l'incommodité qu'il offrirait pour les copropriétaires, mais il suffit qu'aucun d'entre eux ne veuille se charger d'un objet indivis, pour qu'il soit permis de procéder à la licitation. D'après les règles tracées par le Code de procédure, aucune forme spéciale n'est exigée pour la validité de cet acte. On ne considère que le fond des choses, la convention des parties, et non point la forme dont elles ont cru devoir la revêtir. Ce qui le prouve, c'est que l'on n'exige l'observation, à peine de nullité, de formalités spéciales en matière de partage, que dans le cas où il intéresse des incapables (art. 984 et 985 du Code de procédure). Ainsi, il n'est pas nécessaire que des enchères aient été ouvertes, qu'un procès-verbal d'estimation ait été dressé par des experts, encore moins que l'adjudication ait eu lieu en justice ou devant notaire; la convention par laquelle un copropriétaire abandonne à l'autre tous ses droits n'en est pas moins une licitation, quoiqu'elle soit faite à l'amiable et constatée par acte sous seing-privé.

Tels sont les principes généraux de la matière; il sera facile à leur aide de résoudre les difficultés qu'elle présente.

Il importe de remarquer d'abord qu'aucune indivision n'existant entre la propriété et l'usufruit, l'acte passé entre deux copropriétaires et qui attribue l'usufruit à l'un, la nue-propriété à l'autre, présente les caractères d'un partage et doit en avoir les effets.

Quant au partage avec soulte, il tombe sous l'application de l'art. 883, soit que la soulte payée aux autres communistes consiste en argent comptant, comme c'est le cas le plus ordinaire, soit qu'elle se compose d'une rente. D'après les principes de l'ancien droit, le partage dans lequel un cohéritier était tenu de servir une rente à l'autre était considéré comme pur et simple, parce que le créancier recevait un droit de copropriété sur le lot du débiteur; mais cette décision, qui était fondée uniquement sur le caractère immobilier reconnu à la rente foncière, ne peut plus servir de règle aujourd'hui, puisque le crédi-rentier, n'ayant qu'un droit personnel et subordonné toujours à l'éventualité du rachat, n'est plus censé avoir un droit de copropriété sur le bien affecté au service de la rente.

On doit assimiler au partage tous les actes qui ont pour effet de faire cesser l'indivision à titre onéreux, sous quelque nom que les contractants aient voulu déguiser leurs conventions. La jurisprudence a été lente à se fixer sur ce point, mais l'autorité de d'Argentré a fini par l'établir d'une manière irrévocable. Il y a ici, du reste, plus qu'une simple analogie, soit dans le but qu'ont voulu atteindre les parties, soit dans la faveur due à ces actes; l'identité est complète, et se révèle à l'observateur qui ne se laisse pas arrêter par l'apparence. En effet, peu importe que les parties aient ou non qualifié de vente une cession de droits indivis qui substitue le droit exclusif d'un seul au droit indéterminé de tous; il est évident que cet acte n'est qu'une licitation faite à l'amiable, dégagée de toute formalité. Si, au contraire, le copropriétaire se réserve une partie de la chose et ne dispose que du surplus de ses droits, le prix peut être assimilé à une soulte, et l'on doit considérer l'acte comme un partage. Ici les mots jurent avec les conventions qu'ils entendent qualifier, et, comme dit d'Argentré (*Traité de laudimiis*, § 53) : *Si sonus verborum venditionem loquitur, spectandum potiùs quid agitur.* On déguise souvent aussi du titre de transaction un acte qui n'est qu'un partage ou une licitation. Toutefois, il faut à cet égard faire une distinction, voir si la transaction a lieu pour régler les droits incertains, indéterminés, de chacun des copropriétaires, ou bien si elle intervient au sujet de l'interprétation d'une convention antérieure qui a déjà déterminé ces droits, pour en régler l'exécution et résoudre les difficultés auxquelles elle donne lieu. Dans le premier cas, l'acte tombe sous l'application de l'art. 883; dans l'autre, il doit être considéré comme une transaction ordinaire placée sous l'empire de règles spéciales.

La renonciation à un droit indivis, consentie moyennant un prix, a aussi, lorsqu'elle fait cesser l'indivision d'une manière absolue, les caractères d'un partage.

L'appréciation de la convention, à laquelle les parties ont donné la forme d'un échange, soulève plus de difficultés. Nous n'entendons pas nous occuper de l'acte qui a pour objet des biens indivis que les copropriétaires déclarent échanger entre eux, c'est là un véritable partage qui n'a de l'échange que le nom, mais de celui par lequel un d'eux reçoit la totalité des biens communs, moyennant l'abandon qu'il fait aux autres d'un immeuble qui lui est propre. Ce contrat est-il un partage ou un échange? Cette question avait été diversement résolue dans l'ancien droit; certains auteurs, s'appuyant sur cette considération que les parties ont eu la volonté, non pas d'échanger, mais de partager, décidaient que l'acte devait être considéré comme un partage dans lequel l'immeuble propre aurait été substitué à une soulte en argent. D'autres soutenaient, au contraire, que la convention principale était l'échange, et que la division n'en était qu'un effet accessoire. Mais la première opinion, adoptée par d'Argentré, avait prévalu dans le dernier état du droit.

Le Code civil ne contient aucune disposition à cet égard. La question est intacte, et doit être résolue, non plus d'après les règles qui ont guidé la décision des légistes du droit féodal, mais d'après les principes généraux du droit. L'art. 883, qui consacre une fiction souvent désastreuse, ne doit pas être étendu dans son application au-delà des cas qu'il a prévus; et toutes les fois que la convention ne constitue réellement ni un partage ni une licitation, il n'y a pas lieu de lui attribuer une caractère déclaratif. Or, l'échange qui fait cesser l'indivision ne peut être considéré comme un partage avec soulte : il en diffère sous ce rapport que, dans le partage avec soulte, la portion de l'immeuble aliéné est représentée, soit par une somme d'argent, soit par une créance, sur laquelle le copartageant est censé avoir eu un droit exclusif depuis le commencement de l'indivision ; tandis que, dans l'échange qui fait cesser l'état de copropriété, cette même portion est représentée par un immeuble, sur lequel le copartageant ne peut faire remonter ses droits au-delà du jour où la convention s'est formée. Si l'on reconnaissait un effet rétroactif à un acte semblable, on serait forcé d'en scinder les dispositions, qui cependant s'enchaînent et dépendent étroitement l'une de l'autre, et de restreindre cet effet rétroactif à l'attribution de l'objet indivis faite au profit d'un des copropriétaires. Mais un acte ne peut avoir une double nature, réunir deux caractères opposés et qui s'excluent mutuellement, être déclaratif vis-à-vis de l'une des parties, attributif vis-à-vis de l'autre; et force est de reconnaître, dans notre hypothèse, que la convention doit être assimilée à un échange, qu'elle en réunit les conditions essentielles, et qu'elle en produit les effets.

Pour qu'un acte soit considéré comme un partage ou une licitation, il faut qu'il fasse cesser l'indivision de la chose commune d'une manière absolue, vis-à-vis de tous les copropriétaires. Cette règle n'est pas admise par tous les auteurs. Etablie d'une manière invariable aujourd'hui par la jurisprudence de la Cour de cassation, elle est vivement combattue par des jurisconsultes éminents, qui invoquent, à l'appui de leur doctrine, les monuments de l'ancienne jurisprudence et surtout le texte de l'art. 888. Ils font observer que, depuis la loi romaine jusqu'à la promulgation du Code, on a décidé que, pour qu'il y eût partage, il n'était pas nécessaire que l'indivision cessât entre tous les communistes; que telle était la disposition formelle de la loi 2, § 4 ff. *familiæ erciscundæ;* que ce principe, constant comme le caractère du partage lui-même, hautement proclamé par Guyot (*Traité des licitations*), reconnu par Pothier, a été transformé en loi par l'art. 888 du Code civil, qui assimile au partage tout acte passé entre cohéritiers, ayant pour objet de faire cesser l'indivision, sans exiger qu'il ait pour effet de la faire cesser entre tous les cohéritiers.

Ces objections ne laissent pas que d'avoir une grande force; toutefois, il est possible de les réfuter. Remarquons d'abord que l'ancien droit ne doit pas exercer d'influence en notre matière, que son étude ne peut offrir qu'un intérêt historique, fort puissant sans doute, mais stérile. Nous savons sous quel rapport la question des partages avait été envisagée par les feudistes, nous savons qu'ils n'ont eu qu'un but : celui de favoriser les partages, de faciliter la cessation de l'indivision, de mettre les parties à l'abri de la rapacité des seigneurs dont ils se sont toujours montrés les adversaires acharnés; que le droit fiscal a posé les principes, que le droit ordinaire s'est borné à les accepter et à les appliquer docilement. Aujourd'hui, cette question a changé de face; les arguments empruntés au régime féodal ont perdu leur valeur. Le jurisconsulte n'a plus à défendre le vassal contre le seigneur qui le pressure, mais à apprécier la mauvaise foi d'un débiteur qui appelle la loi à son secours, pour frustrer ses créanciers. Dans l'ancien droit, on étendait outre mesure, parce que c'était une règle de faveur, la fiction qui attribue au partage un effet déclaratif; de nos jours, au contraire, cette fiction doit être restreinte aux cas que la loi a spécialement prévus, parce qu'elle est contraire à la nature des choses et surtout aux besoins essentiels de notre société.

Mais, nous dit-on, le Code civil lui-même consacre, dans l'art. 888, l'opinion que vous repoussez. La réponse sera facile : Cet article est sans application à l'espèce qui nous occupe; il prévoit, il est vrai, le cas d'un acte qui ne fait cesser l'indivision que d'une manière relative, et l'assimile au partage, mais par rapport seulement à ses effets vis-à-vis des copropriétaires. Il ne s'occupe que de l'un des effets attachés au partage, de l'action en rescision ouverte aux cohéritiers lorsqu'ils éprouvent une lésion de plus du quart; mais il garde le silence au sujet des effets de cet acte vis-à-vis des tiers. Ce silence est facile à expliquer : le législateur s'est occupé, dans l'art. 883, des effets généraux du partage; dans l'art. 888, de l'égalité à établir entre les cohéritiers. En se plaçant à ce dernier point de vue, il importe peu que l'égalité ait été blessée par un acte qui a fait cesser l'indivision vis-à-vis de l'un des cohéritiers seulement, ou par un acte qui l'a fait cesser vis-à-vis de tous. Dans les deux hypothèses, le but de l'acte a été le même, les rapports entre les parties contractantes ont été identiques ; elles méritent la même faveur : il ne faut pas que l'une d'elles soit victime du dol et de la fraude de l'autre, ou que celle-ci s'enrichisse à ses dépens. S'il en était autrement, la loi offrirait elle-même un moyen facile d'éluder l'application des dispositions protectrices, par lesquelles elle règle l'exercice de l'action en rescision.

L'art. 883 dispose au contraire pour tout ce qui touche aux effets du partage, même vis-à-vis des tiers. Ces effets sont exorbitants du droit commun et subordonnés à la condition que le cohéritier soit devenu propriétaire exclusif des objets compris dans son lot. Les termes de la loi le prouvent clairement ; car les deux dispositions de l'art. 883 sont corrélatives, et c'est parce que le cohéritier est censé avoir toujours été propriétaire des objets qui lui sont échus, qu'il est également censé n'avoir jamais eu aucun droit sur ceux qui forment les lots de ses copartageants. D'ailleurs, le sens du mot partage lui-même l'indique : pour qu'il y ait lieu d'appliquer la fiction légale, il faut que l'acte détermine d'une manière définitive la portion de chacun.

Ainsi, l'action en rescision que la loi ouvre dans le cas de lésion et l'effet déclaratif du partage ne doivent pas être confondus. Nous en conclurons que, dans l'hypothèse prévue par l'art. 889, la cession qui a pour effet de faire cesser l'indivision, doit être assimilée à un véritable partage, bien qu'elle ne soit pas rescindable pour lésion. On a, il est vrai, enseigné la négative par le motif que cette convention, ne formant qu'un traité à forfait, présente les caractères de la vente proprement dite; mais ces considérations ne paraissent pas décisives. La cession de droits indivis, faite aux risques et périls du cessionnaire, est, en effet, absolument semblable, soit à la licitation, soit au partage avec soulte, sauf l'exclusion de la garantie, qui ne saurait être exercée faute d'objet précis.

Par une conséquence directe de la règle que nous venons d'établir, il faut décider que les cessions ou ventes consenties entre des copropriétaires d'une chose commune, doivent être assimilées à des contrats ordinaires et commutatifs, lorsque l'indivision subsiste encore, soit parce qu'ils n'ont aliéné qu'une partie de leurs droits, soit parce que l'aliénation a été consentie au profit de plusieurs et non d'un seul d'entre eux.

Il est de l'essence du partage que chacun des copropriétaires reçoive une portion quelconque de la masse indivise, ou son équivalent, soit en numéraire, soit en choses fongibles. Il en résulte que la convention qui attribue tout à l'un et rien à l'autre n'est pas un partage, mais constitue une véritable donation, soumise, quant à sa forme et à ses effets, aux règles des dispositions à titre gratuit. Cette conséquence, qui avait été reconnue sans difficulté par l'ancien droit, s'induit de l'esprit comme du texte de l'art. 883.

Pour qu'un acte ait le caractère de partage, il ne suffit pas qu'il fasse cesser l'indivision d'une manière absolue, il faut encore qu'il attribue la propriété de la chose commune à l'un de ceux qui la possèdent depuis le commencement de l'indivision. La cession de la totalité de l'objet indivis, consentie à l'amiable ou en justice au profit d'un étranger, c'est-à-dire d'une personne qui n'avait pas, avant l'acte, un droit de copropriété dans cet objet, produirait donc uniquement les effets d'une vente. La question, agitée dans l'ancienne jurisprudence, avait été résolue d'une manière unanime dans le sens que nous venons d'indiquer. Le résultat des controverses auxquelles elle avait donné naissance, se trouve consacré dans la partie finale de l'art. 80 de la coutume de Paris, ainsi conçue : « Si l'immeuble est adjugé à un étranger, l'acquéreur doit ventes. »

L'art. 883 admet implicitement cette règle, en ne prévoyant que l'hypothèse dans laquelle le cohéritier devient adjudicataire, et en gardant le silence au sujet de l'adjudication faite au profit de l'étranger.

Quel est l'effet de l'adjudication prononcée en faveur de l'un des copropriétaires à suite de saisie de la chose indivise? Doit-elle être considérée comme une licitation ou comme une vente ordinaire? produire un effet déclaratif ou attributif seulement ? La raison de douter vient ici de ce que la chose est sortie du patrimoine de tous les cohéritiers par la mise aux enchères, et que l'adjudicataire a été obligé d'acquérir et de payer, non-seulement les parts de ses copropriétaires, mais encore sa propre portion. Il nous semble toutefois que cette adjudication doit produire les mêmes effets que l'adjudication sur licitation, et être comme celle-ci assimilée au partage. Elle confirme, en effet, plutôt qu'elle ne le fait acquérir, le droit que le copropritaire avait *ab initio* sur une portion de l'immeuble ; c'est évident, puisqu'il est impossible d'indiquer un propriétaire intermédiaire entre lui et l'auteur commun.

Quand un communiste a possédé pendant trente ans la chose indivise à titre de propriétaire exclusif, l'action en partage est éteinte quant à cet objet ; il en est de même lorsque les différents copropriétaires ont possédé chacun *pro suo* et comme s'il y avait eu partage des portions matériellement distinctes dont l'ensemble forme la totalité de la chose commune. Cette possession prolongée peut-elle produire l'effet déclaratif attribué au partage? le communiste est-il censé avoir été propriétaire exclusif à partir du jour auquel remonte l'indivision, ou bien de celui seulement où la prescription a commencé à courir? Nous croyons que l'on doit décider que la prescription équivaut à un partage et qu'elle en fait nécessairement supposer l'existence. Elle n'est pas, en effet, par elle-même une cause d'acquisition particulière, mais la présomption légale d'une cause d'acquisition antérieure qui ne peut être qu'un partage ou un acte équipollent.

CHAPITRE III.

Conséquences de l'effet déclaratif du partage.

Nous avons recherché l'origine de la règle qui attribue au partage un effet rétroactif, nous en avons apprécié l'étendue; il nous reste à en déterminer les conséquences.

Dans l'ancien droit, elles ont été soigneusement étudiées; mais plusieurs ont disparu avec les institutions féodales et les coutumes qui les consacraient. De ce nombre sont les règles qui dispensaient les partages ou licitations des profits féodaux ou censuels, du retrait féodal ainsi que du retrait lignager, et celles qui décidaient, dans les pays de nantissement avant la loi du 11 brumaire an VII, que le partage pouvait être opposé aux tiers, quoiqu'il ne fût pas revêtu des formalités de dessaisine et saisine. (Art. 1, titre XIV, coutume de Cambrésis.)

Le Code civil a presque tout laissé à faire à la doctrine en cette matière; il ne contient sur l'application de l'art. 883 que quelques dispositions de détail qui doivent, pour être bien comprises, être soigneusement coordonnées. Dans le système qu'il a établi, le droit de chacun des communistes est subordonné à la condition résolutoire du partage; ce droit qui embrasse également toutes les parties de la chose indivise est rétroactivement confirmé pour les objets échus au lot du copartageant d'une manière définitive, et résolu *ex tunc* pour ceux qui sont compris dans les lots de ses copropriétaires. Cette double fiction doit nous servir de point de départ.

I. D'après le principe général de la loi 54 ff. *de regulis juris*, personne ne peut transférer à un autre plus de droits qu'il n'en possède lui-même : *Nemo plus juris ad alium transferre potest quam ipse habet.*

En d'autres termes, celui qui a sur une chose un droit résoluble ne peut transmettre à autrui qu'un droit affecté de la même condition résolutoire, et cette condition une fois accomplie, le droit s'évanouit entre les mains du cessionnaire comme il s'évanouirait entre celles du cédant. Ce principe trouve son application en matière de partage ; chacun des copropriétaires est censé n'avoir eu jamais aucun droit sur les choses qui ne sont pas échues en son lot ; par suite, toutes les aliénations qu'il peut avoir consenties et qui ont ces choses pour objet disparaissent et sont résolues de plein droit. Cette règle est générale et n'admet pas d'exception, elle atteint les aliénations consenties à titre gratuit ou à titre onéreux et toutes les concessions de droits réels, quelle qu'en soit la nature.

A l'inverse, tous les actes de disposition relatifs à des objets indivis et qui dans l'origine n'étaient valables que pour la portion du communiste duquel ils émanaient, sont rétroactivement confirmés pour la totalité des choses qui, par l'événement du partage, sont tombées dans le lot de ce dernier.

On a prétendu que la résolution n'avait lieu que pour les concessions de droits réels, et que les aliénations proprement dites, consenties par l'un des copropriétaires, étaient valables dès l'origine, parce que, celui-ci ayant cessé d'être dans l'indivision, quant à l'objet vendu, avec les autres communistes, le partage provoqué par ces derniers ne pouvait être valablement effectué qu'avec le concours du cessionnaire. Mais il importe de remarquer que cette observation repose uniquement sur une confusion et qu'elle admet comme évident ce qui précisément est en question, la validité de l'aliénation. Sans doute, si cette aliénation émanait d'un propriétaire exclusif, il serait vrai de dire que le communiste a perdu tous ses droits sur l'objet vendu et est représenté en tout, même quant au partage, par le cessionnaire; que dès-lors celui-ci ne peut être dépossédé malgré lui. Mais, portant sur un objet indéterminé et ne pouvant valablement transférer la propriété de la part indivise, la cession n'a eu pour effet, comme la vente en droit romain, que d'engendrer des obligations entre les parties sans attribuer aux acquéreurs aucun droit réel; et jusqu'au partage, il est vrai de dire que le cédant a seul été propriétaire, soit vis-à-vis des tiers, soit vis-à-vis des autres communistes. Ce qui montre d'ailleurs le vice du raisonnement que nous combattons, c'est que, s'il était adopté, le principe de l'art. 883 subsisterait, mais en théorie, comme une lettre morte, et qu'il conduirait à admettre, non-seulement la validité des aliénations proprement dites, mais encore celle de toutes les constitutions de servitudes réelles ou personnelles.

Notre opinion est puissamment corroborée par les énonciations de l'art. 2205 du Code civil au titre de l'expropriation forcée. Cet article dispose que les créanciers hypothécaires d'un cohéritier ne peuvent saisir sa part dans les objets indivis, mais doivent auparavant provoquer le partage de ces objets vis-à-vis des autres copropriétaires, sauf à frapper ultérieurement de saisie immobilière la portion sur laquelle le droit de leur débiteur aura été restreint et déterminé. La loi veut que le partage précède la saisie, parce que cette saisie serait frappée de nullité si l'immeuble sur lequel elle porte ne tombait pas au lot du débiteur.

Les baux à ferme ou à loyer ne transfèrent pas au preneur un droit réel. Toutefois, ils sont dans certains cas, comme les actes de disposition proprement dits, subordonnés pour leur exécution à l'événement du partage. Ainsi, il est constant que, si la chose louée est attribuée à un copropriétaire autre que celui avec lequel a été passé le contrat de bail, comme ce propriétaire ne peut être assimilé à un acquéreur ordinaire, mais est censé tenir directement ses droits de l'auteur commun, il a, dans l'hypothèse prévue par l'art. 1743, le droit d'expulser les locataires, alors même que leur bail est authentique, puisque, par l'effet de la fiction établie par l'art. 883, ce bail constitue réellement une location de la chose d'autrui. Il est constant aussi que le bail pourra être opposé à celui avec lequel on a contracté, si le partage attribue à ce dernier la chose louée.

Quid de l'hypothèque constituée par l'un des copropriétaires sur l'immeuble indivis ? Nous déciderons qu'elle s'évanouit de plein droit, si le bien grevé n'échoit pas à celui qui l'a consentie, et qu'elle continue de subsister sur les immeubles dont celui-ci devient propriétaire exclusif.

Une règle opposée avait été, en droit romain, consacrée par la loi 6, § 8 ff. *communi dividundo* : c'était une conséquence naturelle du caractère translatif reconnu au partage ; l'établissement des principes nouveaux en cette matière ne remonte guère au-delà de la fin du seizième siècle. Formulés d'une manière timide encore par des praticiens contemporains de Dumoulin, combattus par ce grand juriconsulte avec plus de talent que de succès, ils furent définitivement adoptés par la jurisprudence du parlement de Paris. Au dix-huitième siècle, Pothier les énonce comme un axiome incontestable et incontesté.

Il faut le reconnaître, ces principes, sous l'empire de l'ancienne jurisprudence, ne présentaient pas, dans leur application, les inconvénients graves qu'elle fait naître aujourd'hui. Ils pouvaient s'expliquer, en dehors des considérations historiques que nous avons rappelées, par la nature même du régime hypothécaire alors en vigueur, et n'étaient contraires ni à l'équité ni au crédit. A cette époque, en effet, les hypothèques étaient générales et ne résultaient pas de l'affectation de tel ou tel immeuble par le débiteur, mais de la force exécutoire attachée aux actes notariés ou aux jugements. Une fois constituées, elles grevaient tous les biens du débiteur. Dès-lors, on considéra qu'il y aurait une sorte d'iniquité à conserver au créancier qui obtiendrait par l'effet du partage une hypothèque sur le lot échu à son débiteur, à lui conserver l'hypothèque consentie antérieurement par ce dernier sur une chose tombée dans le lot d'un de ses cohéritiers, et ce ne fut pas un des arguments les moins décisifs parmi ceux qui firent triompher l'opinion nouvelle. En outre, les hypothèques étant occultes, connues seulement du créancier et du débiteur, et la purge ne pouvant s'effectuer qu'après une procédure des plus coûteuses, on fut amené, pour faciliter les partages, qui auraient été tout-à-fait impossibles dans le cas où un héritier dissipateur aurait hypothéqué sa part à plusieurs créanciers, à admettre une doctrine qui en simplifiait si singulièrement les opérations.

Tous ces motifs n'existent plus aujourd'hui. La spécialité et la publicité, sauf quelques restrictions, sont les bases fondamentales de notre système hypothécaire actuel. Le cohéritier peut facilement, avant de procéder au partage, s'assurer si les objets indivis sont grevés d'inscriptions hypothécaires. De son côté, le créancier, du moins celui qui a une hypothèque conventionnelle, n'acquiert pas une affectation nouvelle sur les objets qui viennent augmenter le patrimoine de son débiteur. Il semble donc que le législateur aurait pu, sans inconvénient, revenir sur ce point aux règles du droit romain ; mais la question n'a pas même été examinée, et les principes de l'ancien droit ont prévalu sans discussion. La combinaison de l'art. 2125 avec l'art. 883 ne laisse aucun doute à cet égard.

Il n'y a aucune différence à établir sous ce rapport entre les actes par lesquels l'indivision cesse d'une manière absolue et définitive. Le partage pur et simple, le partage avec soulte, la licitation, la vente amiable, purgent également les hypothèques. C'est dire que le créancier hypothécaire n'a pas le droit de réclamer, par préférence aux créanciers chirographaires du copartageant, le montant de sa créance sur la somme dont se compose la soulte ou le prix de licitation; qu'il ne peut pas surtout exercer un droit de suite contre le copartageant qui a dans son lot l'immeuble hypothéqué. On a essayé de soutenir, cependant, que la résolution de l'hypothèque avait lieu dans le cas seulement où le partage s'effectuait en nature, et que, lorsqu'un retour était stipulé, ce retour équivalant à un prix de vente et donnant à l'acte un caractère translatif, le créancier hypothécaire pouvait invoquer son droit pour être payé de préférence à toutes autres personnes. Mais ce système, qui, sans doute, est plus équitable que celui de la loi, ne saurait être admis, car il est en contradiction formelle avec les dispositions du Code dont il heurte les textes les plus précis.

Il existe entre les hypothèques conventionnelles et les hypothèques soit légales soit judiciaires, une différence remarquable. C'est que celles-ci viennent grever les immeubles non hypothéqués échus au constituant par l'effet du partage, tandis que les autres s'évanouissent sans compensation. Cette différence tient à la spécialité de l'hypothèque conventionnelle, qui frappe uniquement l'immeuble désigné par les parties dans l'acte où l'affectation a été donnée. La spécialité de cette hypothèque explique encore pourquoi, lorsque, par le partage, la totalité de la chose indivise échoit à un copropriétaire qui en avait déjà grevé une portion, cette portion seule reste affectée par le droit hypothécaire, et pourquoi ce droit n'atteint pas l'objet dans toutes ses parties.

Mais le principe de la rétroactivité du partage retrouve toute sa puissance à l'égard des hypothèques judiciaires ou légales. Pour ces hypothèques, la spécialité n'existe pas ; nous déciderons, en conséquence, qu'elles doivent grever les biens échus au copartageant et excédant sa part, non-seulement à partir du jour du partage ou de l'acte qui en tient lieu, mais depuis l'époque où l'hypothèque légale a pris naissance, où l'hypothèque judiciaire a été inscrite, sans toutefois qu'elles puissent remonter au-delà du moment auquel l'indivision a commencé.

La purge des hypothèques opérée par un tiers-acquéreur de la part indivise de l'un des copropriétaires est, quant à son efficacité, subordonnée, comme l'aliénation dont elle est la conséquence, au résultat du partage ; elle ne produit que des effets provisoires, tant que le partage n'a pas eu lieu, et si l'immeuble vendu ne tombe pas dans le lot de celui des communistes qui a consenti la cession, les créanciers reprennent leurs droits et peuvent se prévaloir de leurs hypothèques, comme si elle n'avait pas été effectuée.

Le partage ne contient pas d'aliénation. On doit en conclure que cet acte, ainsi que tous ceux qui lui sont assimilés, n'est pas soumis, en cas de défaut de paiement de la soulte, à l'action résolutoire accordée par les art. 1183 et 1654 du Code. Il n'est pas, en effet, un contrat formé, comme la vente, de deux obligations corespectives et réciproques. Le copartageant ne s'oblige pas à transférer la propriété de la chose indivise à celui qui est chargé du paiement de la soulte, puisque ce dernier est censé en avoir été toujours propriétaire, et ne tenir ses droits que de l'auteur commun. De même l'obligation de payer la soulte n'est pas considérée comme l'équivalent de cet abandon de propriété, qui, aux yeux de la loi, est censé n'avoir jamais existé ; par une fiction des plus hardies, elle est assimilée à l'obligation qu'aurait contractée le copartageant vis-à-vis du défunt ; elle est censée faire partie des valeurs indivises et avoir préexisté aux droits des copropriétaires.

Le copartageant auquel la soulte est due ne peut donc réclamer la résolution du partage, sous prétexte que cet acte contient deux obligations dont l'accomplissement de l'une est la condition de l'existence de l'autre ; il ne le peut pas davantage en argumentant de sa qualité de vendeur, puisque, dans l'espèce, les conditions les plus essentielles à la validité de la vente font défaut. Il doit recourir au moyen unique que lui accorde la loi pour le remboursement de sa créance, et s'en tenir au privilége dont les art. 2103, n° 3, et 2109 du Code civil règlementent l'application.

Il y a parité de raison pour décider que, lorsque la licitation de l'immeuble indivis a eu lieu en justice, les copartageants ne peuvent provoquer contre l'adjudicataire qui n'a pas rempli ses obligations, la folle-enchère, mode de résolution plus simple et plus rapide, spécial aux ventes judiciaires.

Certains auteurs ont admis la même solution, même

dans l'hypothèse où le partage et la licitation contiennent une clause formelle qui attribue au copartageant, faute de paiement de la soulte ou du prix, le droit de poursuivre la résolution du partage ou la revente sur folle-enchère. A leur avis, cette clause méconnaît la nature du partage, et doit être réputée non écrite. Mais cette opinion ne nous paraît pas admissible. Elle suppose au législateur l'intention d'attribuer au partage un caractère d'irrévocabilité que l'intérêt public ne rend pas absolument nécessaire, intention qui n'est justifiée par aucun texte. L'ensemble des dispositions sur la matière prouve, au contraire, que les copropriétaires majeurs et libres de leurs droits ont la faculté de faire un partage provisoire pour un temps déterminé. Ils peuvent par conséquent subordonner l'attribution de la masse indivise à l'accomplissement d'une condition, à la réalisation d'un événement futur et incertain. Or, si la stipulation d'une condition est valable, pourquoi annulerait-on celle qui ferait du paiement de la soulte un des éléments de la validité du partage ? Une semblable clause n'est pas contraire à la fiction établie par l'art. 883; car elle constitue, non pas une atteinte portée au caractère du partage, mais la détermination des cas et des conditions dans lesquels il doit être censé exister entre les parties, détermination que les principes généraux et l'art. 1134 du Code civil laissent au libre choix des copropriétaires.

II. Jamais, du reste, et c'est une remarque générale à faire pour l'appréciation des effets que nous venons de signaler, jamais il ne sera possible de faire rétroagir le partage au-delà du jour où a commencé l'indivision. Cette règle, consacrée formellement par l'art. 883, ne donne lieu à aucune difficulté dans l'hypothèse qu'il prévoit, ni dans le cas où les copropriétaires tiennent leurs droits, soit d'un legs, soit d'une donation, soit d'une vente faite conjointement à plusieurs, sans attribution de parts.

Il n'y a désaccord à cet égard entre les auteurs qu'au sujet de la combinaison des art. 1476 et 1872, relatifs aux sociétés conjugale, civile et commerciale, avec l'art. 883, par lequel ils doivent être complétés. On a prétendu, en thèse générale, que le partage avait pour effet de faire considérer les sociétés comme non-avenues, comme n'ayant jamais eu d'existence légale, et qu'il faisait remonter les droits des associés, non pas à l'époque de la dissolution, mais à celle de la formation du contrat. Cette opinion se fonde sur un motif unique, sur cette considération que, puisque le partage a le pouvoir d'anéantir un état fondé sur la nature des choses, l'état d'indivision, il doit avoir à plus forte raison celui d'effacer rétroactivement un état qui ne doit sa naissance qu'à une fiction légale.

Mais, à dire vrai, cet argument, quelle que soit l'autorité qu'il emprunte du talent éminent de M. Troplong, paraît plus spécieux que solide. Sans doute, l'existence de la société, comme personne morale, est une fiction juridique; mais s'ensuit-il pour cela qu'elle n'ait aucune portée? S'ensuit-il que par cela seul que la société a cessé de produire des effets dans le présent et dans l'avenir, elle soit nécessairement regardée comme non avenue dans le passé? Non sans doute; l'effet rétroactif du partage ne trouvera pas dans le présent l'obstacle de l'existence de la société; il ne le trouvera pas précisément, parce que c'est la fin de la société qui donne lieu au partage; mais dans le passé, cette société n'aura pas cessé d'exister et de produire ses effets. On ne trouve, ni dans l'ancien droit ni dans le nouveau, aucune trace de cette rétroactivité attribuée à la dissolution de la société, et cependant il est certain que si la loi avait voulu la consacrer, elle s'en serait formellement expliquée. Son silence suffit seul à résoudre la difficulté, car une disposition d'une pareille importance ne peut se supposer ni s'induire.

Ce n'est pas toutefois que nous rejetions tous les résultats de la théorie de M. Troplong : sur plusieurs points, nous nous trouvons d'accord avec lui, bien que par des motifs tout-à-fait différents.

Nous distinguerons, parmi les associations qu'il veut réunir sous l'application d'une seule et même règle, celles qui constituent une personne morale, des sociétés qui n'ont pas une existence distincte de celle des membres qui les composent.

Pour les premières, l'état d'indivision ne commence en réalité qu'à leur dissolution. C'est à cette époque que rétroagira le partage. Quant aux autres, elles n'ont pas un patrimoine qui leur soit propre : les objets apportés en société sont indivis dès l'origine entre tous les membres ; l'indivision ayant commencé avec la formation du contrat, et non pas seulement à sa dissolution, c'est à la formation du contrat que le partage devra également rétroagir.

Or, il est incontestable que les sociétés commerciales constituent un être de raison distinct et indépendant de ceux qui les composent; qu'elles seules sont propriétaires des biens sociaux; que par suite ces biens, tant qu'elles subsistent, ne peuvent être regardés comme la chose indivise de tous les associés.

Mais il n'en est pas de même des sociétés purement civiles. Elles ne constituent pas des personnes morales. C'était un point constant en droit romain, et la même règle avait prévalu dans l'ancienne jurisprudence. Pothier en fournit une preuve irrécusable (*Traité de la Société*, 3, 4). Le Code civil n'a pas innové à cet égard; l'art. 529 confirme en effet les données de l'ancien droit. Tout concourt à prouver que, dans la pensée du législateur, le mot société, appliqué aux sociétés civiles, désigne, non un être moral distinct de la personne des associés, mais la collection des intérêts communs, et que la propriété des objets qui font partie du fonds social réside uniquement sur la tête des associés, copropriétaires de ces objets dans la proportion de leurs mises.

Quant à la communauté conjugale, tout en reconnaissant que les biens qui la composent forment un patrimoine distinct de celui des époux, il n'est pas davantage possible d'admettre qu'elle constitue une personne morale; rien dans le Code ne justifierait une semblable conclusion. Ses biens sont donc soumis pendant le mariage à un droit de copropriété exercé simultanément par le mari et la femme, droit dont le premier recueille momentanément tous les avantages.

Ces principes une fois posés, il est facile de déterminer l'effet du partage dans chacune des hypothèses que nous venons de signaler.

La dissolution de la société commerciale peut être assimilée au décès d'une personne civile : sa succession s'ouvre pour ainsi dire et échoit aux associés. Ceux-ci, comme dans le partage d'une succession, sont censés tenir directement de la société, à partir de sa dissolution, les choses qui forment leurs lots.

La dissolution de la société civile et de la communauté conjugale produit un tout autre résultat. Elle ne peut anéantir une personnalité qui n'existait pas; elle se borne à modifier les rapports nés du contrat, à substituer les règles de la communauté ordinaire à celles de l'association. La copropriété de chacun des associés ou des époux communs ne naît pas de cette dissolution, elle ne fait que continuer, et reste comme par le passé soumise à l'événement du partage. Ce partage a donc un effet rétroactif au jour où l'indivision a pris naissance, au jour de la formation de la société, ou du mariage.

Si les biens composant l'actif social sont attribués à celui qui en a fait l'apport, le partage n'ajoute rien au droit de propriété que ce dernier avait dans l'origine sur ces objets, et ils sont censés n'avoir jamais cessé de lui appartenir en entier.

Si, au contraire, les objets échoient à un autre que celui du chef duquel ils sont tombés en société, le copartageant, dans le lot duquel ils se trouvent compris, est censé les avoir acquis en entier, par l'effet du contrat de société, dès l'époque de sa formation et non point seulement par le partage.

Et enfin, s'il s'agit des objets acquis durant la société, l'associé auquel ils sont définitivement attribués, est censé les avoir acquis le jour où ils ont commencé à faire partie de la masse commune.

Pour terminer l'étude des conséquences qui découlent du caractère déclaratif du partage, il nous reste à apprécier son influence sur les dispositions que le Code a consacrées au contrat de mariage et à la prescription.

III. Issues comme l'article 883 du droit coutumier, plusieurs des règles de la communauté légale portent l'empreinte de l'effet rétroactif assigné au partage. De ce nombre est l'art. 1408, d'après lequel l'acquisition faite pendant le mariage, à titre de licitation ou autrement, de partie d'un immeuble dont l'un des époux était propriétaire par indivis, ne forme pas un conquêt. C'est que les choses attribuées par l'effet d'un partage ou d'un acte équivalent à l'un des copropriétaires, marié sous le régime de la communauté, sont censées lui être advenues au même titre que les parts indivises qu'il possédait déjà, et avoir été sa propriété depuis le jour où l'indivision a commencé à naître. Par suite, si la part primitive forme un acquêt, la portion acquise en dernier lieu constitue également un acquêt; si elle forme un propre, la nouvelle acquisition donne naissance à un propre. L'art. 1408 est presque textuellement emprunté à Pothier, qui le rattache également aux principes de la jurisprudence sur l'effet des partages. Cette observation n'est pas sans portée; il en résulte, en effet, que notre article n'est applicable que dans le cas où l'acte d'acquisition des parts indivises constitue un partage, et qu'il faut nécessairement, pour que sa disposition puisse servir de règle : 1° qu'il y ait une indivision préexistante et réelle; 2° que cette indivision ait cessé par un acte à titre onéreux et vis-à-vis de tous les copropriétaires. Peu importe, d'ailleurs, que l'indivision soit née avant ou pendant le mariage.

En dehors même des cas que le Code a prévus, la fiction de l'art. 883 doit servir de raison de décider. Ainsi, quand l'un des époux, appelé en concours avec d'autres cohéritiers à recueillir une succession partie mobilière et partie immobilière, n'obtient, par l'effet du partage, qu'une portion de valeurs mobilières ou immobilières inférieures à sa part héréditaire, il faut admettre que les droits de la communauté sont définitivement réglés par le partage, et que ni la communauté ni l'époux n'a droit à une récompense. Telle était dans l'ancien droit l'opinion de Pothier, contraire à celle de Lebrun, dont la doctrine, fondée sur cette considération, *qu'il ne faut pas en matière de communauté invoquer les maximes des successions, mais se décider eu égard aux causes et non aux objets des actions*, se trouve aujourd'hui virtuellement condamnée par l'art. 1476 du Code civil.

De même, lorsque le partage contient la stipulation d'une soulte ou s'opère par voie de licitation, nous admettrons que la soulte ou le prix de licitation tombent dans la communauté sans récompense, alors même qu'ils représentent des valeurs immobilières; cette décision n'est que l'application directe de la fiction, d'après laquelle l'époux est censé avoir toujours été propriétaire des deniers auxquels son droit s'est trouvé restreint par l'effet du partage, et n'avoir jamais possédé l'immeuble échu à ses cohéritiers. Quoiqu'elle ait été rejetée par tous les auteurs qui ont écrit depuis le Code, elle nous paraît la seule fondée en droit. C'est en vain qu'on argumente de ce principe d'équité, qui veut qu'en matière de communauté l'on s'en tienne purement et simplement à la cause de la créance; et l'on considère comme propre, tout ce qui, pendant le mariage, prend la place d'un propre; car ce principe est sans application à notre hypothèse, puisque, d'après la loi elle-même, la soulte ne remplace rien et n'est pas substituée à un immeuble sur lequel le copropriétaire est réputé n'avoir jamais eu aucun droit.

On nous oppose que le retour ne peut entrer dans la communauté, parce qu'il ne constitue pas un effet de la succession et qu'il n'est pris que dans la bourse de l'héritier qui en est chargé. — Cette raison, dans toute autre hypothèse, serait d'une certitude évidente, mais appliquée à un droit qui a sa base dans une fiction, pour vouloir trop prouver, elle ne prouve rien. Sans doute, en fait, le retour est pris dans la bourse du cohéritier, il représente réellement la part indivise qui excède ses droits et dont il est devenu propriétaire; mais c'est précisément l'objet, le but de l'art. 883 de substituer à cette réalité une fiction d'après laquelle la soulte est considérée comme faisant partie des valeurs de la succession, comme trouvée en nature dans le patrimoine du défunt. Cet article prévoit le cas de la licitation, du partage avec soulte, comme celui du partage pur et simple; il y a une véritable contradiction à décider que l'époux doit accepter sans réserve les résultats du partage pur et simple et peut rejeter ceux du partage avec soulte ou de la licitation.

On pourrait croire que le régime dotal, ayant pris naissance dans les pays de droit écrit qui n'admettaient pas la fiction de la rétroactivité du partage, ne doit, dans aucune de ses dispositions, être interprété par cette fiction contraire aux précédents juridiques. Ce serait une grave erreur. Le Code ne se compose pas, en effet, de titres isolés, sans lien, sans unité, c'est un ensemble de règles qui doivent former un tout complet et homogène, et qui s'interprètent nécessairement les unes par les autres. En empruntant aux pays de droit écrit les règles de l'organisation du régime dotal, le législateur a voulu donner satisfaction aux mœurs des contrées méridionales, mais non point frapper d'une sorte d'abrogation tacite les règles qu'il venait de sanctionner dans le titre des successions. Aucun texte ne prouve qu'il ait eu l'intention de déroger à ces règles, et il y a même raison de les étendre au régime dotal que de les appliquer à celui de la communauté.

C'est en deux points principalement que l'art. 883

doit être combiné avec les règles du régime dotal : sous le rapport de l'étendue de la constitution de dot, et des formes du partage de la chose indivise qui fait partie de la dot de la femme.

Aux termes de l'art. 1541, tout ce que la femme se constitue est dotal, sauf stipulation contraire. Pas de difficulté quand la constitution, portant sur une chose indivise, comprend tous les biens présents et à venir; mais que doit-on décider lorsqu'elle est restreinte aux biens présents?

On doit entendre par biens présents toutes les choses sur lesquelles on a un droit pur et simple ou dépendant d'une condition. Par suite, il faut considérer, comme compris dans la constitution de biens présents, tout ce que la femme recueille pendant le mariage, par l'effet du partage d'un objet dont elle était propriétaire par indivis.

Mais si la femme avait restreint sa constitution à sa part dans les objets indivis et venait à en obtenir la totalité par un partage postérieur, tout ce qui excèderait sa part virile demeurerait paraphernal. L'effet rétroactif du partage n'exercerait ici aucune influence.

De ce que le partage n'emporte pas aliénation, il résulte encore que le mari peut, de concert avec la femme, procéder à un partage amiable de la chose constituée en dot. Cette conséquence, contestée par plusieurs auteurs, s'induit nécessairement des art. 819 et 838 du Code civil. La licitation étant, sous ce rapport, complètement assimilée au partage, on doit admettre qu'elle peut également avoir lieu à l'amiable ainsi que le partage avec soulte. La question avait été ainsi résolue dans l'ancienne jurisprudence par plusieurs parlements; elle doit, à plus forte raison, recevoir aujourd'hui une solution semblable. La prohibition de l'art. 1558 n'est pas, du reste, applicable à notre hypothèse, car cet article ne prévoit que le cas où l'immeuble indivis pourrait devenir la propriété d'un étranger, et où la licitation prendrait la nature d'une véritable vente.

IV. Le partage n'étant pas un acte translatif ne peut être considéré comme un juste titre et servir de point de départ à la prescription de dix ou vingt ans. Il ne peut non plus être assimilé à une cause d'interversion de la possession. Cette double conséquence est facile à justifier, quelle que soit l'hypothèse dans laquelle on se place. Ce n'est pas cependant que le partage n'ait jamais d'effet sur l'accomplissement de la prescription, car le caractère déclaratif qui lui est reconnu exerce souvent une grande influence sur la détermination des conditions exigées pour prescrire, sur la durée de la possession, sur la suspension ou l'interruption de la prescription.

Sur la durée de la possession. — Quand elle porte sur un immeuble indivis entre deux copropriétaires, dont l'un demeure dans le ressort de la cour de la situation et l'autre dans un ressort différent, le possesseur de bonne foi, pourvu d'un juste titre, acquerra par la prescription décennale la part du propriétaire présent, mais il lui faudra dix ans encore pour acquérir la part de l'autre. Toutefois, ces résultats ne seront que provisoires, et l'acquisition sera subordonnée à l'événement du partage; que l'immeuble soit attribué au copropriétaire domicilié dans le ressort, dix ans de possession auront suffi pour la totalité de l'immeuble; il en faudra vingt au contraire, s'il devient la propriété exclusive de celui qui est domicilié dans le ressort d'une autre cour d'appel.

Sur la suspension et l'interruption de la prescription. — Un immeuble indivis entre plusieurs copropriétaires, dont l'un est mineur ou interdit, est possédé par un tiers qui a commencé à prescrire. La prescription, suspendue à l'égard du mineur pour sa part, continue à courir vis-à-vis des autres communistes; elle peut s'accomplir à leur égard. Mais que le partage intervienne, qu'il mette l'immeuble au lot du mineur, et quoique antérieurement acquise pour une portion, la prescription ne pourra plus être invoquée par le tiers-possesseur, elle sera comme non-avenue. Si, à l'inverse, un des copropriétaires majeurs est loti au moyen de l'immeuble, il ne pourra se prévaloir, pour repousser la prescription acquise au tiers-possesseur, de la suspension de prescription opérée en faveur du mineur, car cette suspension, comme le droit de propriété attribué au mineur, aura été rétroactivement anéantie par l'effet du partage.

Si tous les copropriétaires sont majeurs, que l'un d'eux interrompe la prescription et que l'immeuble lui soit plus tard attribué en totalité par le partage, il pourra se prévaloir de l'interruption de prescription pour la totalité de la chose et non pour sa part seulement. Si la chose échoit à un autre, l'interruption de la prescription ne lui profitera pas, car il ne succède pas au copropriétaire, mais à l'auteur commun.

V. Nous avons étudié les effets du partage dans toute leur étendue, nous pouvons maintenant, en connaissance de cause, apprécier le mérite de la fiction introduite par l'art. 883, ses avantages et ses inconvénients.

Pris dans son acception la plus restrictive, appliqué uniquement au partage pur et simple, à celui qui s'accomplit *sectione corporum*, c'est-à-dire par l'attribution à chacun des copropriétaires d'une part égale dans les objets qui composent la masse indivise, le principe de l'art. 883 est d'une grande utilité. Il empêche un cohéritier dissipateur ou de mauvaise foi d'engager à l'avance le patrimoine de toute une famille, prévient des recours onéreux et répétés, et ne lèse ni les créanciers ni les ayant-cause de chacun des copartageants, puisqu'en définitive ceux-ci peuvent poursuivre toujours l'exécution des engagements contractés envers eux sur les objets qu'ils avaient en vue en traitant avec le cohéritier. Les intérêts des incapables se trouvent en même temps sauvegardés, et le crédit ne souffre aucune atteinte. Mais là devrait se restreindre son influence.

Etendue comme elle l'est aujourd'hui au partage avec soulte, à la licitation, la fiction qui attribue aux actes destinés à faire cesser l'indivision un caractère déclaratif présente de graves dangers; elle est ruineuse pour les intérêts les plus respectables, elle laisse dans l'immobilité des valeurs immenses, force le possesseur par indivis d'une fortune territoriale considérable à rester dans la gêne tant que les opérations, souvent fort longues, d'un partage judiciaire, n'ont pas été terminées; enfin, elle vient en aide à la fraude, elle dépouille de leurs droits des créanciers de bonne foi. Ceux-ci peuvent encore, il est vrai, se défendre et obtenir, au moyen de l'opposition que leur ouvre l'art. 882, que leurs droits soient respectés; mais les femmes mariées, les mineurs, tous ces incapables que la loi entoure de sa sollicitude, pour lesquels elle a sacrifié les intérêts de l'agriculture et de l'industrie en dispensant leurs créances d'inscription, sont dans l'impossibilité de faire opposition et sont contraints de se laisser arracher par un mari ou un tuteur infidèle les derniers restes de leur patrimoine.

Aussi faisons-nous des vœux pour que le législateur, éclairé par une pratique constante et comprenant des maux qu'il appartient à lui seul de faire cesser, opère enfin, dans cette partie de notre droit, une réforme presque aussi nécessaire que celle du régime hypothécaire et qu'il restreigne la fiction de l'art. 883 dans les bornes où elle aurait dû être renfermée dès l'origine. Jusque-là, nous pensons que cette fiction désastreuse ne doit être appliquée qu'autant que la loi aura clairement parlé et qu'aucun doute ne pourra s'élever sur l'intelligence de ses dispositions; car les fictions sont de droit étroit, et il n'y a pas lieu de les étendre, quand elles sont contraires à la fois, et à l'équité et aux conditions essentielles du développement de la richesse publique.

APPENDICE.

Des effets du partage en matière d'enregistrement.

Les rédacteurs du Code, sans abandonner les fictions de notre droit féodal, et sans revenir purement et simplement aux principes du droit romain, auraient pu éviter les plus graves des inconvénients qui viennent d'être signalés. Une législation spéciale, celle de la perception des droits d'enregistrement, leur offrait en cette matière un exemple qu'ils auraient dû suivre. En effet, la loi du 22 frimaire an VII, antérieure de quelques années à la publication du Code, contient sur la nature et les effets du partage des dispositions entièrement différentes de celles qui forment le droit commun. Elle ne reconnaît un caractère déclaratif qu'au partage pur et simple (art. 68, § 3, n° 2), qu'elle assujettit au droit fixe, tandis qu'elle frappe du droit proportionnel, comme opérant une véritable mutation, les licitations et les partages qui contiennent la stipulation d'une soulte payée en valeurs propres au copartageant.

C'est un fait bien remarquable que l'impôt de l'enregistrement, qui remplace aujourd'hui les anciens droits seigneuriaux, ait rejeté en grande partie les règles établies pour la perception de ces droits, alors que ces règles, détournées de leur véritable et primitive application, régissent complètement les matières civiles. Ce fait s'explique toutefois par l'histoire de nos institutions financières; il tient à ce que la législation sur l'enregistrement n'a pas succédé directement aux coutumes, mais qu'elle a puisé tous ses principes et presque toutes ses dispositions dans celle du centième denier, qui, composée d'édits ou de déclarations émanés de l'autorité royale, n'était pas, comme l'ancienne jurisprudence, soumise aux fluctuations incessantes des arrêts des divers parlements.

Le centième denier, impôt sur les mutations, fut établi de 1703 à 1708, à une époque où le caractère déclaratif du partage tendait à prévaloir, mais où la longue controverse suscitée depuis Dumoulin n'était pas éteinte. Guyot n'avait pas encore fait paraître sa dissertation célèbre sur les licitations qui fixa le droit commun. L'affranchissement des partages purs et simples était certain, mais celui des partages avec soulte ou des licitations fort contesté. Dix-huit ou vingt coutumes, notamment celles de Tours et de Nivernais, décidaient que les droits étaient dûs, parce que ces actes contenaient une mutation effective et réelle; les autres, tout en admettant qu'aucun droit n'était exigible, reconnaissaient cependant que ces actes opéraient une véritable mutation. La déclaration du 20 mars 1708, œuvre exclusive des officiers du roi, devait adopter l'opinion la plus plausible, la plus conforme d'ailleurs à la nature des choses, et surtout la plus profitable aux intérêts du trésor. Aussi soumit-elle aux droits les soultes de partage et les prix de licitation.

Ce fut l'objet de son art. 6, et de deux arrêts du conseil des 28 mars 1722 et 18 juillet 1724.

La loi du 22 frimaire an VII avait établi, pour les mutations de ce genre, un tarif complètement identique à celui des ventes, auxquelles elle paraît avoir eu l'intention de les assimiler; mais depuis la promulgation de la loi du 28 avril 1816, dont l'art. 52 élève à 5 et demi p. % le droit des ventes immobilières, et dont l'art. 54 augmente de 1 et demi p. % celui des actes de nature à être transcrits, cette assimilation a cessé pour les partages et licitations d'immeubles qui, ne constituant pas en droit civil des actes translatifs, ne sont pas susceptibles d'être transcrits, et elle ne subsiste plus qu'à l'égard des partages avec soulte ou des licitations de valeurs mobilières.

Le caractère que cette loi reconnaît au partage exerce une influence sur la perception des droits de mutation par décès, bien qu'elle ne contienne aucune disposition à cet égard.

Ainsi, lorsqu'une succession comprend des biens indivis, si aucun partage n'intervient avant la déclaration, cette déclaration doit comprendre la part abstraite du défunt dans chacun des objets dont il était copropriétaire. Mais si un partage a précédé la déclaration, il doit servir exclusivement de base à la perception des droits, pourvu qu'il ne contienne pas la stipulation d'une soulte ou qu'il ne se soit pas opéré par voie de licitation. Dans cette dernière hypothèse, l'art. 883 cessant d'être applicable, puisque tous ses résultats ne sont pas admis par la loi spéciale à la matière, on ne tiendrait pas compte de la licitation ou du partage avec soulte, et la déclaration serait faite comme si l'indivision avait continué. Les mêmes règles sont applicables lorsqu'une succession est échue à divers cohéritiers, parents à des degrés inégaux du défunt.

Cette décision a beaucoup perdu de son importance, depuis que l'art. 10 de la loi du 18 mai 1850 a assimilé les meubles aux immeubles pour la perception des droits de mutation par décès. Toutefois, elle trouve encore son application dans le cas, assez rare du reste, où le partage attribue la nue-propriété de la chose indivise à l'un des cohéritiers, et l'usufruit à l'autre.

Nous n'avons parlé jusqu'ici que d'un partage antérieur à la déclaration; c'est qu'un partage postérieur ne pourrait modifier les droits régulièrement acquis au trésor, conformément au principe général consacré par l'art. 60 de la loi du 22 frimaire an VII, et que, par une juste réciprocité, il ne pourrait non plus servir de base à une demande de supplément de droits formée par l'administration contre les parties.

PROPOSITIONS ET QUESTIONS.

DROIT ROMAIN.

1° La dot profectice revient au père, après le décès de sa fille, morte pendant le mariage, alors même qu'elle est sortie de sa puissance par l'émancipation.

2° La prohibition de restituer la dot pendant le mariage s'applique-t-elle à la dot réceptice? Non.

3° L'usufruit légué *per vindicationem* à l'esclave s'éteint par l'aliénation, la mort et l'affranchissement de l'esclave, à la différence de celui qu'il a acquis à son maître par stipulation.

4° L'action noxale n'est pas nécessairement arbitraire.

DROIT CIVIL.

1° L'héritier du donateur peut-il se prévaloir du défaut de transcription de la donation? Oui.

2° Le mari peut valablement, avec le concours de la femme, donner un immeuble de communauté.

3° En cas de contestation sur la sincérité d'un testament olographe, c'est au légataire universel, nonobstant l'envoi en possession, et non à l'héritier du sang, qu'incombe le fardeau de la preuve.

DROIT CRIMINEL.

1° La solidarité établie par l'art. 55 du Code pénal ne doit pas être étendue aux contraventions, en ce qui concerne l'amende.

2° Les cours d'assises, jugeant des accusés contumaces, peuvent admettre des circonstances atténuantes.

DROIT ADMINISTRATIF.

1° Le conflit ne peut être élevé dans une instance portée devant un juge de paix ou un tribunal de commerce.

2° Les contraintes décernées par les employés de l'enregistrement emportent hypothèque.

Approuvé :

Le Doyen de la Faculté de Droit,

LAURENS.

Vu :

Le Recteur,

AD. MOURIER.

Toulouse, le 30 mars 1852.

Contraste insuffisant

NF Z 43-120-14

www.ingramcontent.com/pod-product-compliance
Lightning Source LLC
Chambersburg PA
CBHW071306200326
41521CB00009B/1924
* 9 7 8 2 0 1 1 3 1 6 6 1 5 *